LOUIS GUIBERT

SCEAUX ET ARMES

DES

DEUX VILLES DE LIMOGES

ET DES

VILLES, ÉGLISES, COURS DE JUSTICE, CHANCELLERIES

CORPORATIONS

DES TROIS DÉPARTEMENTS LIMOUSINS

SUPPLÉMENT

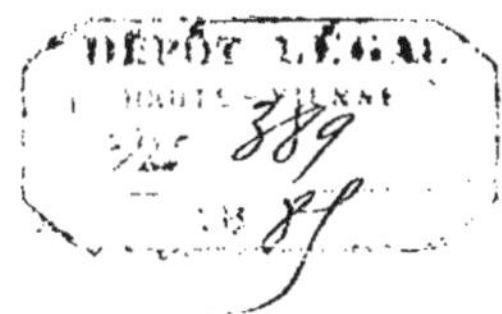

LIMOGES

IMPRIMERIE ET LIBRAIRIE LIMOUSINE

Vᵉ H. DUCOURTIEUX

Libraire de la Société archéologique et historique du Limousin

7, RUE DES ARÈNES, 7

1885

SCEAUX

DES DEUX COMMUNES DE LIMOGES

1. Sceau du Consulat de la Cité, d'après des empreintes de 1228 et 1303 (Archives nationales, J, 627 8ᵃ et J, 480 72ᵃ). — 1 *bis*. Contre-sceau du Consulat de la Cité, 1228 et 1303, *ibid.* — 2. Sceau du Consulat du Château, reconstitué d'après des empreintes et fragments d'empreintes de 1229, 1246, 1254, 1259 (Archives de la Haute-Vienne, fonds de la Règle, pièces relatives à la Maison-Dieu, et Archives de l'Hôpital de Limoges : *Rentes unies*). — 2 *bis*. Contre-sceau du Consulat du Château, 1229 et 1246.

LOUIS GUIBERT

SCEAUX ET ARMES

DES

DEUX VILLES DE LIMOGES

ET DES

VILLES, ÉGLISES, COURS DE JUSTICE, CHANCELLERIES

CORPORATIONS

DES TROIS DÉPARTEMENTS LIMOUSINS

SUPPLÉMENT

LIMOGES

IMPRIMERIE ET LIBRAIRIE LIMOUSINE

Vᵉ H. DUCOURTIEUX

Libraire de la Société archéologique et historique du Limousin

7, RUE DES ARÈNES, 7

1885

SCEAUX ET ARMES

DES

DEUX VILLES DE LIMOGES

ET DES

VILLES, ÉGLISES, COURS DE JUSTICE, CHANCELLERIES,

CORPORATIONS

DES TROIS DÉPARTEMENTS LIMOUSINS (1).

SUPPLÉMENT

Nous avons publié, en 1878, une étude sur les *Sceaux et armes de l'Hôtel-de-Ville de Limoges*, étude qu'accompagnait un catalogue des sceaux et armes des villes, églises, cours et communautés religieuses ou civiles de l'ancienne province limousine.

Pendant les six années qui se sont écoulées depuis la publication de ce travail, nous avons, au cours de diverses recherches, rencontré plusieurs échantillons de sceaux inconnus de nous en 1878 et dont la description, par suite, ne figure pas à la liste annexée à notre mémoire. Il nous a été permis également d'étudier nous-même des empreintes dont nous avions été amené à donner la description d'après d'autres auteurs et de contrôler de cette manière nos précédentes indications. Enfin, des textes concernant les armoiries de quelques-unes de nos villes nous ont été signalés et sont venus corroborer ou modifier les résultats de nos premières recherches.

(1) Voir le *Bulletin de la Société archéologique et historique du Limousin,* t. XXVI, pages 64 et suivantes. Une centaine d'exemplaires ont été tirés à part.

De là un certain nombre d'articles nouveaux et de notes recti-
ficatives ou complémentaires à ajouter à notre mémoire. Il ne
nous paraît pas inutile de réunir tout ce que nous avons ainsi
recueilli sur les sceaux et armes des divers corps et communautés de la province et de le publier en supplément à cette
étude. Celle-ci, malgré ces *additamenta*, reste bien incomplète
encore. Des confrères plus heureux que nous dans leurs inves-
tigations, pourront combler mainte lacune et enrichir notre
liste de bien des types que nous n'avons pas su découvrir. Ils en
trouveront notamment en Angleterre, où les nombreux documents d'origine limousine conservés dans divers établissements
publics, doivent avoir gardé quelques-uns des sceaux destinés à les
authentiquer,— et dans plusieurs villes de France, où l'obligeance
de nos correspondants nous a fait défaut ; mais ils constateront,
comme nous l'avons fait nous-même, la pauvreté désolante des
dépôts de notre province en matière d'empreintes sigillaires.
Cette pauvreté, et surtout la dévastation complète des archives
départementales de la Haute-Vienne, dont les sceaux ont visi-
blement été l'objet d'un pillage intelligent et méthodique, —
on n'y a pas laissé un sceau sur cent, peut-être sur deux cents,
et tous les exemplaires épargnés sont, à très peu d'exceptions près,
des types courants, d'un très médiocre intérêt : des cachets d'offi-
cialités, par exemple, ou de juridictions royales des xv° et xvi°
siècles,— nous donnent lieu de craindre que jamais le Limousin
ne possède, de cette intéressante catégorie de documents, un catalogue comparable à ceux déjà dressés pour plusieurs provinces
de la France.

On doit le regretter d'autant plus, que la gravure des sceaux
a été vraisemblablement une des vieilles industries de notre
ville. Tout le monde sait que la monnaie frappée dans toute la
région offre, dès l'époque mérovingienne, un type spécial, caractéristique, facilement reconnaissable, et que les savants en ont
conclu à l'existence d'une école de glyptique limousine. Qui dit
graveur en médailles ou en monnaies, dit aussi graveur en sceaux.
Il ne faut pas oublier que cet art touche de bien près à l'art de
l'orfévre et que l'orfévrerie fut une des principales industries de
la capitale de notre province, et de beaucoup la plus célèbre.
Aussi ne peut-on guère douter qu'un grand nombre de sceaux
ne soient sortis des ateliers de Limoges, au moyen-âge. Indépen-
damment de nos hôtels de ville, de nos abbayes, de nos communautés religieuses ou laïques, de nos confréries de toute sorte,
nombreux sont, aux treizième et quatorzième siècles, les parti-
culiers qui ont un cachet spécial et l'apposent sur les actes

auxquels ils interviennent comme parties ou comme témoins. Des femmes mêmes de marchands en possèdent et en font usage dans les contrats, comme cette Valérie Maigne — *Manhana* — veuve d'Elie Maigne — *Manha* — qui prend le titre de bourgeoise de Limoges et scelle en 1287 de son propre sceau son testament, un des plus curieux de nos Archives départementales, et où nous avons puisé déjà de précieuses indications (1).

Toutefois, ce n'est pas seulement sur l'existence à Limoges d'une école de monnayeurs et sur l'usage commun, au moyen-âge, des sceaux dans toute la contrée que nous appuyons notre opinion. Plusieurs textes semblent la corroborer. Les *senheirs* qui figurent au xiii° siècle dans la liste des trente-trois corps de métiers (2), s'ils ne sont pas des fondeurs de cloches, pourraient très bien être des graveurs de sceaux. M. Ph. de Bosredon, dans l'introduction au *Supplément* de son important ouvrage : *Sigillographie du Périgord*, cite un passage du Registre des comptables de la commune de Périgueux mentionnant la réfection, en 1331-1332, par « le maître de Limoges (3) » du sceau et du contre-sceau consulaires, ainsi que des marques destinées à indiquer les divisions de l'aune. Qu'il s'agisse d'un graveur de notre ville ou d'un artiste originaire de Limoges et établi à Périgueux, l'indication n'en est pas moins précieuse à recueillir et de nature à confirmer ce que nous avons avancé touchant la fabrication de matrices sigillaires par nos graveurs et nos orfévres.

Il n'y a pas lieu d'insister sur ces considérations ; mais il n'était peut-être pas superflu de les énoncer au commencement de ce nouveau recueil, malheureusement bien court, de documents et d'échantillons sigillographiques concernant le Limousin.

Grâce à l'obligeance de notre confrère et ami, M. Louis Bourdery, nous avons pu, au lieu des croquis informes qui accompagnaient notre mémoire sur les *Sceaux et armes de la ville de Limoges*, mettre en tête de ce supplément un très beau et très fidèle dessin représentant les sceaux et contre-sceaux du Château et de la Cité au temps de saint Louis : les premiers restitués d'après la réunion des divers fragments d'empreintes de cette époque conservés dans nos dépôts d'archives, les seconds abso-

(1) Arch. de la Haute-Vienne, liasse 8395 *bis* du classement provisoire.
(2) Ancien registre du Consulat, à l'Hôtel-de-Ville, fol. 86 verso.
(3) *Item baylem al maytre de Lemotges, qui reffetz lo sayel e'l contra sayel et las mercas am que om mercava las aunas en cobdes,* etc. (Introduction, p. 15).

lument conformes aux reproductions qu'a bien voulu nous faire délivrer l'éminent directeur des Archives nationales. Nous devons tous nos remerciements et toutes nos félicitations au jeune maître émailleur qui nous a prêté l'aide de son aimable et souple talent pour faire revivre, avec leur caractère de puissante originalité, ces vieux symboles de nos communes bourgeoises.

CONSULAT ET COMMUNE DU CHATEAU DE LIMOGES. — Nous avons signalé et décrit le plus ancien exemplaire connu du sceau de l'Hôtel-de-Ville du Château, découvert par nous dans une liasse des Archives départementales et remontant au mois de janvier 1245 (1246 nouveau style). Les Archives de l'Hôpital de Limoges, qu'il nous a été permis d'étudier en 1883, grâce à l'obligeance de M. Giost, secrétaire-général de l'établissement et de notre confrère, M. Alfred Leroux, archiviste départemental, nous ont fourni plusieurs empreintes de ce sceau, appendues à des pièces du treizième siècle, presque toutes malheureusement en fort mauvais état. La plus ancienne date de 1229 et est apposée à un acte concernant l'acquisition d'une rente par la confrérie des *Pauvres à vêtir*. De la légende, on ne distingue plus que quelques lettres ..... TRI LÉMO..CENS..; mais le type du sceau et celui du contre-sceau sont absolument semblables à ceux du sceau et du contre-sceau de 1246. Un contrat du même dépôt, de 1254 (*Rentes unies : Rue Torte*), présente, avec une empreinte identique, la légende complète : SIGILLVM CONSVLATVS CASTRI LEMOVICENSIS, que n'offre aucun autre échantillon. Ce dernier exemplaire est le mieux conservé des sceaux du Consulat du Château que nous ayons jamais rencontrés et c'est lui qui a fourni à M. Bourdery les traits principaux de son dessin.

Le sceau du type de 1229, 1246, 1254 est en usage dès les premières années du treizième siècle. On trouve dans la collection Gaignières, à la Bibliothèque nationale (t. CLXXXVI, p. 339), la description d'un exemplaire du cachet du Consulat appendu à un acte daté de 1206. Sceau et contre-sceau sont entièrement conformes à ceux dont se servent les consuls vingt-trois ans plus tard. La date de l'empreinte fournie par Gaignières nous autorise à penser que le type de notre cachet municipal remonte au moins au douzième siècle.

Nous signalerons encore quelques fragments à peine reconnaissables du sceau du Château, appendus à des pièces de 1259 et de 1272 des fonds de Saint-Pierre-du-Queyroix et de Saint-Martial, aux Archives de la Haute-Vienne.

On remarquera qu'à aucun des anciens exemplaires de ce sceau, nous ne voyons figurer, comme support de l'écu, l'ange qu'on trouve au xvii⁰ siècle et pendant une partie du xviii⁰, comme l'accessoire ordinaire des armoiries de notre Hôtel-de-Ville. Aucun document du moyen-âge, aucune description antérieure au règne d'Henri IV ne signalent ce support, qui n'a, pas plus que la devise : *Spes mea Deus*, rien d'authentique et de traditionnel. Notons toutefois que plusieurs sceaux du moyen-âge sont accompagnés d'un ange qui les soutient ou semble s'y appuyer : celui, par exemple, de Charles d'Orléans (1440) qu'on trouve aux Archives nationales dans le carton K, 66, n° 12.

En ce qui a trait aux armoiries de l'Hôtel-de-Ville, l'*Inventaire des Archives communales de Limoges*, dressé en 1882 par M. Antoine Thomas, fait mention de l'existence, à la maison commune, au milieu du xvi⁰ siècle, d'une copie authentique des lettres du Dauphin, depuis Charles VII, octroyant aux bourgeois le privilège d'ajouter le chef de France à leurs vieilles armoiries et d'orner d'un dauphin symbolique le manteau dont le buste de saint Martial, pièce principale de ces armoiries, était revêtu : « .... 39° ung vidimus fait par Monsieur Verjus, conseiller du » Roy à Paris et président des Enquestes, des lettres patentes de » Mgr le Daulphin de France commençaus : *Karolus*, par les- » quelles, en l'an mil quatre cent vingt ung (nouv. style : 1422) » passant par Limoges, il donna et octroya à la ville et commu- » naulté de Limoges, que les armoiries de la ville ayent *escu* » *vermeil en teste de bleu, avec troys fleurs de lys d'or, et au millieu* » *d'icelluy le chief Saint Marcial avec les lettres S. M. des deux* » *costés, et un daulphin sur l'espaulle dextre. N° XIIII* » (GG, 208. Extrait d'un inventaire dressé vers 1550). Il nous sera permis de faire remarquer que ce texte confirme, de la façon la plus précise et la plus complète, tout ce que nous avons dit, dans notre mémoire de 1878, sur les armoiries de l'Hôtel-de-Ville de Limoges, leurs émaux et leur composition.

CONSULAT ET COMMUNE DE LA CITÉ DE LIMOGES. — Nos recherches aux Archives départementales de la Haute-Vienne et dans les dépôts de l'Hôtel-de-Ville et de l'Hôpital de Limoges ne nous ont fait découvrir aucun exemplaire du sceau de la Cité. Nous avons publié, en 1878, le seul qui fût alors connu, lequel est conservé aux Archives nationales, où M. Douët d'Arcq l'a catalogué sous le n° 5693 de son *Inventaire*. Il y a peu de temps, de nouvelles recherches nous ont fait mettre la main sur un autre exemplaire du sceau de la Cité : celui-ci, antérieur de près d'un siècle au précédent, était jadis appendu à un acte daté du vendredi après la Purification 1227 (nouv. style 1228), et constatant la prestation, par les consuls et les prudhommes de la Cité, du serment de fidélité à Louis IX ; malheureusement il se trouve aujourd'hui détaché de cette pièce et gît au fond d'un carton du Trésor des Chartes (J, 627).

Le sceau de 1303 est l'exacte reproduction de celui de 1228. Peut-être même les deux empreintes ont-elles été produites à l'aide de la même matrice. Toutefois l'exemplaire de 1228 est assez flou et il y a plusieurs détails qu'il est impossible de distinguer, comme les ferrements de la porte, le trait qui accuse les colonnettes de la double fenêtre à plein cintre du donjon, et relève la courbe des cintres d'une sorte de cordon. On n'aperçoit même pas les petites baies géminées qui, soixante-quinze ans plus tard, se détachent nettement sur les deux tourelles.

La première mention que nous connaissions du sceau de la commune de la Cité nous a été fournie par un acte du Cartulaire de Saint-Étienne de Limoges, sous la date de 1203 (Bibliothèque nationale : Recueils de D. Col, mss. latin 9193, et Fonds Moreau : Collection de chartes, t. CV, fol. 22).

A propos du lion rampant dont la tête semble surmontée d'une couronne, et qui figure au contre-sceau de la Cité, il convient de rappeler que plusieurs communes de l'Aquitaine portaient un lion ou un léopard sur leur sceau ou sur leurs bannières. De ce nombre était la commune de Noblat-Saint-Léonard, près Limoges. On sait également que, d'après l'abbé Legros (1), une tête de lion aurait été, dans des temps reculés, l'emblème de la ville de Limoges. Il y a peut-être quelque rapport à établir entre le lion ou le léopard du contre-sceau de la Cité et nos lions de pierre, véritable énigme archéologique dont nul de nos savants limousins ne paraît encore avoir dit le mot (2).

PRIEURÉ DE SAINT JEAN L'ÉVANGÉLISTE D'AUREIL (chanoines réguliers). — Le sceau du prieuré est souvent mentionné dans les chartes de ce monastère ; mais nous n'en possédons aucun exemplaire. Le sceau de 1364 qu'on trouve aux Archives de la Haute-Vienne (D, 777) et qui représente, entre une étoile à six rais à

(1) *Essai historique*, p. 6.
(2) Voir les *Dissertations* de Nadaud et de Legros, l'article de M. Allou dans sa *Description des monuments de la Haute-Vienne*, etc., etc.

gauche et une fleur de lis très allongée, à droite, un saint debout, nimbé et drapé dans une robe étroite et un manteau, tenant de la main droite une palme, de la gauche un livre qu'il serre contre sa poitrine, appartient vraisemblablement à un prieur et non au monastère (sceau en *vesica piscis*, de 41 mill., entouré d'un cordon très mince, fragments de légende : ..... RIS DE AURELI...... contre-sceau rond présentant un écu échiqueté, mais dont le chef pourrait être différent du reste, et les lettres S. P. MARCH. POR').

ABBAYE ET COUVENT DE BEUIL. — Nous devons à l'obligeance de M. Astaix, ancien directeur de l'Ecole de médecine de Limoges, communication de l'empreinte d'un sceau de ce monastère, dont il possède la matrice : — Sceau rond, de 35 millimètres de diamètre, représentant la Vierge, debout, couronnée, portant l'Enfant Jésus, et tenant de la main droite une branche qui paraît terminée par trois fleurs. A droite et à gauche, une fleur de lis : ces deux fleurs non symétriquement disposées, celle de droite étant placée plus haut, et de plus grandes dimensions que celle de gauche. Légende : † S. CVET. ABBIE. SCE. ME. DE. BVLIO (XIIIe ou XIVe siècles).

COUVENT DES CORDELIERS DE BRIVE. — Le sceau de ce couvent représente saint Antoine de Padoue, revêtu du costume de l'ordre de saint François, avec la légende : SIGILLVM CONVENTVS FRVM MINORVM BRIVE. (*Société scientifique et archéologique de Brive*, séance du 5 octobre 1880.)

VILLE DU DORAT, CHAPITRE DU DORAT. — Un de nos bienveillants correspondants, M. l'abbé Lecler, nous fait connaître que la cloche portant l'écusson décrit par nous d'après lui subsiste encore, et sert de timbre à l'horloge de la grande église.

VILLE D'EYMOUTIERS. — Sceau représentant un écu supporté par une sorte de cul de lampe. En chef, trois fleurs de lis ; dans le champ, un buste de saint avec un manteau, cantonné des lettres S. et E. Au-dessus de l'écu, une couronne de comte avec un lambrequin ou une guirlande retombant à droite et à gauche. Légende : MUNICIPALITÉ DE LA VILLE D'EIMOUTIERS (communiqué par M. l'abbé A. Lecler). — Bien que ce sceau soit apposé à une pièce datée du 16 septembre 1792 et appartenant, par conséquent, à l'époque révolutionnaire, son type le rattache à la période antérieure. Peut-être faut-il voir là les véritables et anciennes armoiries de la commune d'Eymoutiers, que l'Armorial général de d'Hozier dote d'un écusson banal : *de sinople à deux bandes d'or*. Il y a lieu de faire remarquer, dans tous les cas, que ces armoiries diffèrent complètement de celles du Chapitre. On peut se demander si la ville d'Eymoutiers ne s'est pas inspirée, dans la composition de son sceau, de celui de la commune du Château de Limoges ; nous sommes porté à le croire et nous ne voyons pas d'autre explication à donner de l'existence du chef de France sur les armoiries que son corps de ville s'est vraisemblablement octroyées à lui-même.

BAILLIAGE ROYAL DE LARON. — Le bailliage royal de Laron, Leront ou Loron, dont nous croyons avoir été le premier à signaler l'existence et auquel nous avons consacré une notice sommaire dans le *Livre de raison d'Etienne Benoist* (Limoges, V⁰ Ducourtieux, 1882, p. 64 à 68), où il en est fait mention, a laissé dans nos archives plusieurs sceaux en médiocre état de conservation. Aux liasses non inventoriées du fonds de l'abbaye de Solignac (Archives départementales), on en trouve un, appendu à des lettres de 1307, et dont voici la description : Sceau rond, de 53 ou 54 mill., avec un écu de 27 mill. de hauteur chargé de dix fleurs de lis : 4,3,2,1. La légende est illisible. Au contre-sceau, une grande fleur de lis cantonnée de deux petites qu'elle semble projeter à droite et à gauche. Une autre liasse des archives (nº 4167 du classement provisoire) garde un fragment du même sceau à un acte de 1304. A l'Hôpital de Limoges, même empreinte sur des lettres de février 1315-16 et sur un acte du jeudi après l'octave de Pâques 1316. Les Archives de la Haute-Vienne fournissent quelques fragments du même sceau, de 1292 et 1297 ; sur aucun de ces exemplaires on ne peut lire une seule lettre de la légende.

ÉGLISE CATHÉDRALE DE LIMOGES, LE SIÉGE ÉPISCOPAL VACANT. — Sceau ogival de 44 millimètres, sur papier, plaqué sur des lettres délivrées le 12 février 1627, pendant la vacance du siége épiscopal, par le Doyen, le Chantre, le Chapitre et les grands vicaires de l'église cathédrale de Limoges. Dans la partie supérieure du champ, un personnage nimbé à mi-corps, saint Etienne sans doute, revêtu d'une sorte de robe assez ample, à manches, qui pourrait être l'ancienne dalmatique des diacres. Il tient de la main droite un livre, de la gauche un objet de peu de volume et qu'il est impossible de distinguer, peut-être une pierre de la lapidation. Au-dessous, occupant toute la partie inférieure du champ et formant une sorte de cul-de-lampe, l'écusson du chapitre cathé-

dral, à cinq fleurs de lis : 3 et 2. Légende : † s. ecclesie † lemovicenci. sede va. Nous devons la communication de ce sceau (qui
appartient à la collection de M. le baron de Costa, de Beaulieu),
à M. Philippe de Bosredon, le savant auteur des belles publica-
tions sigillographiques sur le Périgord et le Bas-Limousin.

Chapitre de Saint-Étienne de Limoges. — Des lettres du 16
des calendes d'août 1273 (Arch. Haute-Vienne, liasses diverses
non inventoriées), données par l'Official, le Doyen et le Chapitre
de Limoges, pendant la vacance du siége épiscopal, présentent,
à côté d'un sceau de l'officialité dont nous parlerons plus loin,
un contre-sceau qui paraît être celui du chapitre. On ne distingue
pas l'objet gravé dans le champ; mais on lit assez nettement
autour : † s. c. s. stph. (Sigillum Capituli Sancti Stephani).

Officialité de Limoges. — Au bas des mêmes lettres figure
un sceau ogival de l'officialité, qui doit être du même type que
celui de 1274 dont nous avons signalé les fragments : sceau
ogival de 39 millimètres, un moine à genoux, la tête nimbée, un
ange planant au-dessus de lui; en haut à droite, quelque chose
que nous avons pris pour un nuage et qui pourrait être « le dex-
trochère bénissant » du sceau de 1272, décrit par M. Raymond,
n° 987 de l'Inventaire de la *Collection de Sceaux des archives des
Basses-Pyrénées.* Légende : † sigillvm cvrie lemovicensis. Cette
légende est séparée du sujet par un grènetis.

Juridiction de l'abbaye de Saint-Martin-lès-Limoges. — La
liasse 1172 des Archives départementales nous a fourni un exemplaire très net du sceau que nous avons décrit d'après M. Mau-
rice Ardant. La description de ce dernier est exacte; nous lisons
toutefois distinctement en légende : Sigill. jurisdis. (*sic*) Abbatiæ
S. Martini Lemovi. Congre. B. Mariæ Fulli. Ord. Cister. au
lieu de : S. Martini Lemovicensis et B. Mariæ, etc.

Custodie des Frères Mineurs, a Limoges. — Nous avons
déjà signalé le sceau ovale de la Custodie des Cordeliers (xvi^e
siècle) dont le musée de Limoges possède la matrice et que
M. Ardant attribuait à la milice bourgeoise. Dès le xiiie siècle,
le custode des Franciscains de Limoges avait un sceau spécial
affecté à son office, et plusieurs documents de cette époque,
entre autres des lettres du mois de mars 1297 ou 1298, conservées
aux Archives de la Haute-Vienne (fonds divers, liasses non inventoriées) l'attestent expressément : *Nos, Custos Lemovicensis.....
sigillum mei officii,* etc. Toutefois, il nous a été impossible de
retrouver de ce sceau autre chose que des fragments insignifiants.

Collége des Jésuites de Limoges. — Sceau rond de 32 millimètres offrant le monogramme de Jésús-Christ (IHS), surmonté d'une croix dans un cercle rayonnant, avec la légende : † Rectoris collegii.... Jesu. Cordon en bordure. Cet exemplaire, apposé à une pièce de 1624 conservée aux Archives de la Haute-Vienne (D. 945), ne diffère pas sensiblement de celui signalé par M. Ardant et dont avons donné la description.

Communauté des Prêtres de Saint-Pierre, a Limoges. — Plusieurs documents du fonds de cette communauté, aux Archives départementales, mentionnent aux xv° et xvi° siècles un sceau à son usage. Nous n'en avons trouvé aucun exemplaire.

Communauté des Prêtres de Saint-Michel-des-Lions, a Limoges.— Elle possédait également un sceau dont il est parlé dès 1372 : *... Et de leur authorité scelloyent des lettres de leurs seaulx et sans licence de Mgr de Lymoges, dont ilz abuzoyent*, etc. (Lettre de l'évêque Aymeric Chapt. Reg. *Ac singularem*, fol. 51, fds de l'Evêché, aux Archives de la Haute-Vienne.)

Confrérie de Notre-Dame du Puy, a Limoges. — Sceau d'environ 34 mill. de hauteur, presque tombé en poussière, renfermé dans une gaîne ronde, mais affectant lui-même une forme oblongue, comme l'encadrement du sujet, qui paraît être une Vierge tenant l'Enfant-Jésus sur ses bras. De la légende, on ne lit plus que les mots ..... onfratri... d. ..... Nous avons trouvé cette empreinte, la plus ancienne que nous connaissions du sceau d'une confrérie limousine, appendue à des lettres du carême de 1332-33, données par les bailes de la confrérie. Mention de ce sceau est faite à l'acte : *Sigillum nostrum et cónfratrie nostre pro nobis et successoribus nostris duximus apponendum.* (Hôpital de Limoges : rente des confréries.)

Confrérie de Saint-Martial, a Limoges. — Nous ne connaissons pas de sceau de cette association ; mais elle en possédait un, en vertu des lettres d'érection de 1356 : *Sigillo etiam communi uti valeant, impressionibus et caracteribus insignito, ad arbitrium supplicantium.* (Armoires de Baluze, arm. I, t. XVI, fol. 342.)

Bailliage de Limoges. — Plusieurs liasses des Archives de la Haute-Vienne et de l'Hôpital nous ont fourni des exemplaires assez bien conservés du sceau de ce bailliage. L'un des spécimens de l'Hôpital est de 1358 : sceau rond, de 51 mill. Ecu semé de fleurs de lis. Légende : Sig. autenticv. Dni regis Fracie in ballivia Lemovicensi. Sur d'autres exemplaires, de 1383, 1387, 1388, 1390, à peu près semblables, peut-être d'un diamètre un peu moindre, on lit : S. authenticvm regis Francie in bailivia Lemovicenci (*sic*). L'écu se trouve entre deux rameaux ou rinceaux. Les contre-sceaux de 1387 et 1388 offrent une grande fleur de lis cantonnée de quatre plus petites : celles du haut penchées sur le côté.

Siége sénéchal de Limoges. — Sceau rond de 28 millimètres, apposé à une pièce de 1694. Deux petits écus aux armoiries, le premier de France, le second de Navarre ; au-dessus, une large couronne fermée, ornée de fleurs de lis et de fleurons. Au bas, une couronne traversée par un sceptre ou une main de justice. Légende : Limo-ges. (Arch. Haute-Vienne, D, 1087.)

Généralité de Limoges. — Timbres des papiers marqués. Nous avons trouvé, sur des pièces de 1678 qui nous ont été communiquées par M. Brifaut, la vignette que nous avons décrite sous la date de 1705. En 1723 et 1729 : une fleur de lis ; au-dessus, une couronne ouverte ; de chaque côté, des banderolles terminées par des têtes d'oiseaux et mentionnant le prix de la feuille. Au bas, une sorte de lambrequin et au-dessous une banderolle avec rinceaux portant le mot Limoge.

Cour du Pariage de la Cité de Limoges et de Saint-Léonard. — Nous avons pu étudier, depuis 1878, plusieurs nouveaux exemplaires du sceau de cette juridiction. Deux ou trois, de la seconde moitié du xiv⁰ siècle, ont gardé des fragments de légende. On lit notamment sur une empreinte du type français, de février 1372, (nouv. st. 1373) : ... ariatgii civitati... (Archives Haute-Vienne, fonds de l'abbaye de Saint-Martin, liasses diverses.) Comme nous l'indiquions dans l'article consacré à cette juridiction, le sceau du pariage a environ 38 millimètres de diamètre.

Sceau aux Contrats de la Juridiction consulaire du Chateau de Limoges. — Il existe aux Archives de l'Hôpital de Limoges un certain nombre d'empreintes de ce sceau aux xiv⁰ et xv⁰ siècles. Les exemplaires les mieux conservés sont de juin 1380, 1392, 1396, 1398-99, 1404-5, 1458 : Sceau rond, de deux grandeurs : 54 et 58 millimètres, présentant, à l'intérieur d'un double cercle à cordon perlé, un troisième cercle dans lequel est inscrit un encadrement lobé ; au milieu se détache le buste de saint Martial. Le dessin du buste est conforme au type traditionnel gravé sur le sceau du Consulat de 1229, 1246, 1254 : les cheveux, bouclés, sont séparés au milieu de la tête ; la barbe est entière et se termine, sous le menton, par deux boucles opposées, accusées fortement. L'expression du visage est grave ; le détail des vêtements semble moins net qu'aux sceaux du Consulat du treizième siècle. L'exemplaire de 1404-5 porte la légende tout entière : † Sigillvm consvlvm castri Lemovicensis ad contractvs. Ces caractères et les lettres S. M. (cette seconde lettre est surmontée d'un signe en forme d'ôméga) paraissent accuser les formes du quatorzième siècle. — Le contre-sceau de

— 12 —

1392 représente, comme celui du Consulat au xiiie siècle, l'agneau avec l'étendard et la haste en croix. Légende : CONTRASIGILLVM.

Le sceau aux contrats des consuls paraît avoir été refait vers 1400, avec un diamètre de 3 ou 4 millimètres de moins, et le contre-sceau complètement modifié ; car nous trouvons, au contre-sceau de 1458, le buste de saint Martial, de petites dimensions, avec les lettres S. M. à droite et à gauche, et la légende : CONTRA-SIGILLVM CONS. où peut-être CONSVLVM. Encadrement lobé.

SCEAU DE LA COUR DES CONSULS DU CHATEAU DE LIMOGES. — Nous avons signalé des fragments du sceau de la justice des Consuls à un acte de 1367 et constaté que ce type ne paraissait pas différer sensiblement de celui du Consulat lui même. Toutefois l'état de cet unique exemplaire ne nous avait pas permis de dire si, dès le xve siècle, la commune du Château faisait usage de sceaux différents pour la justice et pour l'administration et les contrats. Nous pouvons l'affirmer aujourd'hui, ayant découvert plusieurs échantillons du sceau *ad causas* du Consulat. Les Archives de l'Hôpital nous en ont fourni deux, qualifiés l'un et l'autre, aux documents auxquels ils sont appendus, de *sigillum ad causas curie dominorum Consulum.* Sceau rond, de 18 millimètres, représentant le buste barbu et nimbé de saint Martial, cantonné des lettres S et M. De la légende, on lit sur la plus ancienne empreinte, qui est de 1389 : † SVM ? CONSVLVM.....; sur la plus récente, du samedi après *Oculi mei* 1400-1401 : † s. c... LEM... Un acte du 11 août 1423, appartenant à la liasse 5807 des Archives de la Haute-Vienne (classemement provisoire) conserve une empreinte du même sceau.

SCEAUX OU MARQUES DE FABRIQUE DES DIVERS CORPS DE MÉTIERS DE LA VILLE DE LIMOGES. — Les statuts des *Pintiers* du Château de Limoges (*la ordonnansa de la Pintaria*), qui remontent à 1394, disposent que le baile poinçonnera les ouvrages de pinterie faits dans le Château de Limoges, avec un cachet qui servira pour la fabrication de cette ville, et qui représentera un château avec trois tours : « *Ordanen que y aya un senhal commun de la vila, aus laquella y am uns chasteu contrefach de tres tors, que tenha lo bayle loqual aya a marquar la dicha obra, quant l'aura jutjada per bona.* (LEYMARIE, *Limousin historique*, t. II, p. 50.) — Il y a lieu de faire remarquer l'analogie qui existe entre cette marque et le sceau de la Cité de Limoges. — Les statuts des *Argentiers*, dont nous avons un texte de 1395, mentionnent souvent la marque que devaient porter tous les ouvrages d'orfévrerie fabriqués dans la ville, mais n'en donnent pas la description. Tout ce que nous savons, c'est que le poinçon était déposé entre les mains des consuls.

Collége de Magnac-Laval. — Nous devons à l'obligeance de notre confrère, M. Brifaut, employé à la gare du chemin de fer à Tours, l'empreinte du sceau du collége de Magnac-Laval au siècle dernier : Sceau ovale de 53 millimètres sur 46. Monogramme de la Sainte-Vierge, composé des lettres MA entrelacées au milieu d'une sorte d'encadrement allongé, formé par deux rameaux ou rinceaux reposant sur deux livres et supportant eux-mêmes une console à coins chargés d'enjolivures, sur laquelle sont placés divers instruments de mathématiques et marche un oiseau destiné peut-être à rappeler les alérions de l'écu des Montmorency; de chaque côté des livres, divers objets de mathématiques ou de mécanique, compas, roues, etc. Légende : Collegium Lavalliense.

Ville de Magnac-Laval. — La devise du blason des Montmorency est Απλανος ou Απλανως, et non Απλαθως, comme une faute d'impression nous l'a fait dire dans notre catalogue de 1878.

Consulat de Masléon. — On ne connaît malheureusement pas les circonstances exactes dans lesquelles a été créée, en 1289, cette petite commune ; la seule, croyons-nous, de tout le Limousin à laquelle des actes authentiques donnent la qualification de ville franche. M. Leroux, archiviste de la Haute-Vienne, a signalé la mention d'un sceau de ses consuls dans un acte de 1292 (*Bulletin de la Société archéologique et historique du Limousin*, t. XXXI, p. 392, séance d'octobre 1882). Nous avons dit ailleurs qu'on trouve plus tard les consuls de la « ville franche » de Masléon constitués gardes du sceau royal établi au bailliage de Laront.

Prévôté laïque de Pierrebuffière. — Au XIIIᵉ siècle, il existait, à Pierrebuffière, une prévôté laïque inféodée à une des familles de chevaliers qui possédaient alors des droits sur cette ville : celle des Jaunhac. Cette prévôté avait son sceau spécial et il est parlé, dans une charte donnée en 1255 par Pierre de Jaunhac dit *le Roux*, chevalier, prévôt, tant pour lui que pour Pierre de Jaunhac dit *Les Flammes* et Gérald de Jaunhac, chevaliers, et pour Gui et Hugues, damoiseaux, — du sceau commun dont ces co-possesseurs faisaient usage : *Sigillo quo ego et dicti porcionarii in talibus communiter utimur* (Arch. de la Haute-Vienne, D, 1086.

Sceau aux contrats de la seigneurie de Pierrebuffière. — Sceau rond, de 45 millimètres, un écu chargé d'un lion rampant, à la queue en panache; fleurons autour de l'écu. Légende effacée.

Contre-sceau : un château à deux tours (?) dans un encadrement quadrilobé. Appendu à un acte de 1344. (Archives Haute-Vienne, D, 1087.)

Chapitre de Saint-Germain-les-Belles. — M. Auguste Bosvieux, dans les notes recueillies par lui au dépôt départemental des Basses-Pyrénées et léguées aux Archives de la Haute-Vienne, où elles ont été constituées en fonds spécial, mentionne un sceau de ce Chapitre sur un acte de 1455 compris à l'article E, 850 de l'*Inventaire*. Il représente l'écu des Roger, famille du fondateur de ce Chapitre : *de..... à une bande de... accompagnée de six roses de..., trois en chef et trois en bande.* De la légende on ne peut lire que ..... MANO.)

Cour du Pariage de Saint-Léonard. — Voir ci-dessus Pariage de la Cité de Limoges.

Chapitre de Saint-Léonard. — Un in-folio précieux, conservé à Saint-Léonard : *Officium S^{ti} Leonardi ad usum ecclesiæ regalis et collegiatæ S^{ti} Leonardi de Nobiliaco*, représente, dans un encadrement circulaire placé entre deux rameaux dont les tiges se rejoignent au-dessous de l'écu et sont rattachées par un ruban, l'écusson de l'église collégiale de Saint-Léonard, tel à peu près qu'il figure au sceau de 1778 déjà signalé par nous. Une crosse, dont la hampe divise l'écusson en deux, couronne seule ces armoiries qui offrent d'un côté les armes de France, de l'autre les ceps. Ce dessin porte la date de 1755. — M. Ardant a signalé (t. XIV du *Bulletin de la Société archéologique et historique du Limousin*, p. 17) « un très beau sceau du Chapitre de Saint-Léonard, représentant » cet anachorète avec les menottes dans sa main droite et son » livre de prières pressé sur son cœur. Il est dans une niche » gothique, au-dessous de laquelle se voit un écusson aux armes » des Dalesme. »

Cette dernière indication nous ferait croire que M. Ardant a attribué au Chapitre le sceau d'un de ses membres.

Ville de Saint-Léonard. — Nous avons dit que, d'après les indications de l'Armorial général, cette ville portait : *d'azur à un lion passant d'or en chef et deux arcs de même, cordés d'argent et passés en sautoir, en pointe.* Bien que le sceau du Consulat représente, dès 1303 (Catal. Douët D'Arcq n° 5695) un sujet n'ayant aucun rapport avec celui-là, il est certain que le lion est le plus ancien emblème connu de la commune bourgeoise de Saint-Léonard et peut être considéré comme la pièce capitale et caractéristique de ses armoiries traditionnelles. Henri III, roi d'Angleterre, aurait lui-même donné aux consuls de Noblat un étendart avec ce signe (1); des documents émanant des contemporains et postérieurs d'un quart de siècle seulement à l'octroi de la charte de confirmation de ce prince, mentionnent les lions ou les léopards qui figurent sur les bannières de la commune (2).

CHAPITRE DE SAINT-YRIEIX. — Ecu : *parti, au premier d'azur chargé d'une fleur de lis et d'une demi-fleur de lis d'or, au deuxième d'azur* (sic) *à la crosse d'argent* (sic). L'écu est entouré du collier de l'ordre de Saint-Michel et surmonté, au premier parti, de la couronne royale, au second d'une mitre. M. Auguste Bosvieux a vu des exemplaires de ce sceau, qui figure du reste sur des pièces imprimées existant dans sa bibliothèque et a été reproduit sur des reliures des xviie et xviiie siècles. Ses indications sont évidemment fautives. Du reste, il semble qu'il s'agisse ici d'un sceau du pariage et non d'un sceau du chapitre.

PARIAGE ROYAL DE SAINT-YRIEIX. — M. Ph. de Bosredon a bien voulu nous signaler l'existence, dans la collection de son collègue, M. A. de Froidefond de Boutazac, vice-président de la Société archéologique et historique de Périgueux, de plusieurs exemplaires du sceau du pariage de Saint-Yrieix, dont nous n'avions pu découvrir un seul dans nos dépôts d'Archives limousins. Avec la plus gracieuse obligeance, M. de Froidefond nous a communiqué un de ces sceaux, appendu à un acte du mois de mars 1374 (probablement 1375 nouveau style). En voici la description :

Sceau rond, en cire verte, d'environ 42 mill. de diamètre. Un personnage debout, vêtu d'une robe assez ample, drapée, tenant de la main gauche un livre et de la main droite une crosse (?), occupe toute la première partie du champ. La tête est peu disticte; elle semble nimbée, toutefois cette apparence est peut-être due à l'écrasement de la cire. Sur la seconde moitié du champ, on voit un écu, chargé de six fleurs de lis — 3, 2, 1, — qui occupe seulement le bas et laisse vide toute la partie supérieure de ce côté. La légende manque presque tout entière; quelques lettres

(1) *Ipse vidit privilegium Henrici quondam regis Anglorum... in quo continebatur quod dominus Rex eisdem contulerat communitatem... et dederat eis vexillum in quo est signum leonis.* Déposition de Léonard Goudelli, clerc. — (Arch. Haute-Vienne, fonds de l'Evêché, liasse 2440.)

(2) *Et dicit quod dicti homines habent duas bancrias in quibus arma Regis Anglie sunt depicte, scilicet leopardi.* (*Ibid.* Déposition de Pierre d'Arfeuille.)

du milieu de l'inscription ... DEC (?)... — *decani* — peuvent seules se lire. Le contre-sceau présente à gauche une fleur de lis et à droite une crosse. Légende : S... EDII — *S. S*ᵗ *Aredii* (?). On peut constater que cette empreinte se rapporte assez exactement aux indications données par l'article concernant le sceau commun, au traité conclu en 1307 entre le roi Philippe-le-Bel et le Chapitre.

Un autre sceau du pariage de Saint-Yrieix, qui appartient également à la collection de M. de Froidefond et dont notre bienveillant confrère nous a communiqué un dessin fort net, mais dont nous ignorons la date, diffère notablement de celui que nous venons de décrire. L'écu de France est placé à la gauche et non plus à la droite du spectateur, et occupe par conséquent ici la première partie du sceau. Il présente un semis de fleurs de lis (4, 3, 2, 1), et se trouve placé, non dans le bas du champ, mais dans la partie médiane : le chef correspondant à la hauteur des épaules du personnage et la pointe à celle de ses genoux. Cet écu semble accroché à un arbre ; tout au moins voit-on deux branches, issues de la même souche, se croiser au-dessous de l'écu, et quelques rameaux ou lambrequins s'élever comme des panaches au-dessus de celui-ci. Le personnage qui représente la juridiction et les droits du chapitre, et qui occupe le côté droit du champ, est debout et coiffé de la mitre ; sa main gauche s'appuie sur une crosse. Sa main droite bénit. Un double cordon sépare le champ de la légende, dont la seconde partie manque tout entière ; de la première, on distingue seulement cinq ou six lettres appartenant, selon toute probabilité, aux mots *Curie Pariatgii.* Le contre-sceau n'offre pas d'écu ; le champ porte : à gauche, trois fleurs de lis ; à droite, trois crosses, avec la légende *contra sigillum.* Le sceau, rond, a environ 40 mill. de diamètre ; le contre-sceau, 20.

ABBAYE DE SOLIGNAC. — Beau sceau rond, de 54 millimètres, malheureusement un peu dégradé. Il représente, dans un double cercle perlé, un personnage couronné, le col découvert, revêtu d'une sorte de robe à larges manches qui descend presque jusqu'aux pieds, tenant de la main gauche un sceptre terminé par un fleuron, peut-être par une fleur de lis, et assis sur un siége dont la forme rappelle le fameux « fauteuil de Dagobert ». Les Les pieds de ce siége finissent en griffes et les bras représentent des têtes d'animaux. A gauche du spectateur, et agenouillé devant le roi, se tient un personnage de très petite taille, couvert d'une robe et les mains jointes. On ne distingue pas bien la tête, qui paraît nimbée. Ce sceau, qui représente probablement Dagobert concédant à saint Éloi les domaines où l'évêque de Noyon fondera le monastère de Solignac, n'est pas d'un type antérieur au treizième siècle ; mais il pourrait avoir été inspiré par les données d'un sceau plus ancien. Notre exemplaire est appendu à un acte de 1260. Légende : ✝ S : CONVENTVS SA.....? DE SOL..... (*sancti Petri de Sollempniaco*) ; on lit au contre-sceau le mot SECRETVM. (Archives de la Haute-Vienne, fonds de Solignac, liasse 6037.)

Autre sceau de 1789 : ovale, 43 millimètres sur 35. Deux clefs en sautoir, le panneton en bas et tourné vers l'extérieur, accompagnées d'une épée en pal, la pointe en bas. Légende : ..... ONRII SS PET..... Nous devons la description de ce très singulier type à l'obligeance de M. Ph. de Bosredon, qui l'a trouvé sur les lettres de nomination d'un greffier de la prévôté de Brivezac.

La liasse 4595 des Archives de la Haute-Vienne (fonds de Solignac) renferme une pièce du mois de mars 1304 à laquelle est appendu un sceau ogival de 60 millimètres environ, représentant un personnage debout, couvert d'une robe et d'un manteau, portant de la main droite un long bâton ou une crosse. La main gauche, repliée devant lui, paraît tenir un objet qu'on ne distingue pas : peut-être un calice ou un livre. La tête est complètement effacée. A droite et à gauche, à la hauteur des coudes de ce personnage, une fleur de lis, au-dessous de laquelle est un signe ou un petit fleuron ; on pourrait presque reconnaître une S dans le premier. De la légende, il ne subsiste que quelques lettres. On croit lire à droite, en bas : ABBAT. Un double cordon sépare le sujet de cette légende. Le contre-sceau présente une crosse entre deux fleurons — peut-être deux fleurs de lis — dans un encadrement quadrilobé, aussi orné de fleurons. Légende : CONTRASIGILLVM. Un fragment du même sceau, appendu à des lettres de 1312, existe dans la liasse n° 4593 du même fonds. — Ce cachet pourrait avoir été celui de l'abbé Archambaud III (*al.* IV) et non celui du monastère.

VILLE DE LA SOUTERRAINE. — La mairie de cette ville fait actuellement usage d'un cachet où sont gravées les armoiries enregistrées en vertu de l'édit de 1696 ; seulement les fasces sont figurées d'*argent* et non d'*or*.

VILLE DE TULLE. — Nous avons eu occasion de confirmer, par plusieurs lettres auxquelles la *Société des Lettres, Sciences et Arts* de Tulle a bien voulu accorder la plus gracieuse hospitalité. (*Bulletin de la Société,* 1re et 2e livraisons de l'année 1881), l'opinion que nous avions émise en 1878 touchant le chef fleurdelisé ajouté depuis un petit nombre d'années seulement aux vieilles armoiries de la ville de Tulle. La tradition voulait qu'il remontât au XIVe siècle. Or l'établissement d'officiers municipaux à Tulle ne paraît pas être antérieur à 1566. La population du futur chef-lieu de la Corrèze ne possédait, semble-t-il, avant cette époque, ni consuls, ni maison de ville, ni sceau par conséquent. Les lettres qu'on invoquait et par lesquelles Charles V aurait octroyé à l'écusson des bourgeois le chef fleurdelisé que la ville de Tulle s'est adjugé depuis un petit nombre d'années, ne disent mot de cette concession : elles sont accordées à l'évêque, au clergé et aux habitants, et il semble en ressortir que Tulle n'avait effectivement pas d'organisation municipale dans la seconde moitié du quatorzième siècle.

Une obligeante communication de **M. Clément Simon** est venue confirmer notre manière de voir. Le savant auteur de la *Vicomté de Limoges* a bien voulu nous signaler l'existence, dans une collection particulière, d'une pièce émanant de l'administration municipale de Tulle, datée du 25 juillet 1790, et portant non-seulement le sceau, sur cire rouge, de l'Hôtel-de-Ville, mais encore une vignette où la gravure a reproduit le même écusson : ni le sceau ni l'écusson n'offrent trace de fleurs de lis. Si on veut bien se reporter à la date du 25 juillet 1790 et à la situation politique du moment, on jugera comme nous absolument inadmissible que la municipalité de Tulle, si elle eût porté dans ses armoiries un chef fleurdelisé, l'eût enlevé dès cette époque.

L'opinion que nous avons soutenue se trouve consacrée par un témoignage absolument décisif. M. le chanoine Talin, de Tulle, a communiqué à notre confrère, M. René Fage, plusieurs documents du siècle dernier, revêtus du sceau municipal. Aucun des exemplaires de ce sceau (nous aurions voulu les décrire; mais nos démarches pour en obtenir communication sont demeurées sans succès) ne porte les fleurs de lis; or un de ces exemplaires est apposé à une pièce antérieure à 1789. La question nous semble donc suffisamment éclaircie, et la constatation que nous venons de signaler excuse et justifie l'insistance que nous avons mise à soutenir notre thèse. En présence du témoignage nouveau que nous fournissons, il incomberait à nos contradicteurs d'établir que, par un acte officiel, la ville de Tulle a été autorisée, depuis la Restauration, à ajouter à ses armes le chef fleurdelisé. A défaut de cette preuve, il demeurera acquis que cette adjonction n'est pas justifiée et que la composition actuelle des armoiries municipales n'est ni traditionnelle ni authentique.

Limoges, Imp. Ve H. Ducourtieux, rue des Arènes.

OUVRAGES DU MÊME AUTEUR :

Le Château de Châlucet. — Limoges, Sourilas-Ardillier, 1863 (2ᵉ édit. revue et augmentée 1871).

Crucifixa. — Paris, Dentu, 1863.

Rimes franches. — Paris, Librairie centrale, 1864.

Dolentia. — Paris, Librairie centrale, 1865.

Légendes du Limousin. — Paris et Tournai, Casterman, 1865.

Limoges et le Limousin. — Paris et Tournai, Casterman, 1868 et 1875.

Quelques notes sur la surveillance légale, lettre à un député. — Paris, F. Henry, 1870.

Les Employés de Préfecture. — Paris, F. Henry, 1870.

L'Assemblée du 8 février et la Loi électorale. — Lyon, Josserand, 1871.

Un Journaliste Girondin. — Limoges, Sourilas-Ardillier, 1871.

De la Grève, du Travail et du Capital, conférence faite à une Association ouvrière de Lyon, le 30 mai 1870 (extrait de la *Décentralisation*). — Lyon, Josserand, 1871.

Questions électorales. — Paris, E. Lachaud, 1871.

Notes de Voyage (Mauvais jours, Ex intimo, Poésies diverses). — Paris, E. Lachaud, 1872.

La Crise des subsistances et les emprunts de la période révolutionnaire à Limoges (extrait de l'*Almanach limousin*). — Limoges, Vᵉ Ducourtieux, 1873.

Monuments historiques de la Haute-Vienne, rapport de la Commission de la Société archéologique et historique du Limousin (extrait du *Bulletin* de cette Société). — Limoges, Chapoulaud frères, 1874.

Assurances sur la Vie, notions pratiques. — Limoges, Vᵉ Ducourtieux, 1876.

Une page de l'histoire du Clergé français au xviiiᵉ *siècle. Destruction de l'ordre et de l'abbaye de Grandmont.* — Paris, librairie Champion, et Limoges, librairie Vᵉ Ducourtieux, 1877.

Rimes couleur du temps. — Paris, Dentu, 1877.

Sceaux et armes de l'Hôtel-de-Ville de Limoges. Sceaux et armes des villes, églises, cours, etc., des trois départements limousins.—Limoges, Vᵉ Ducourtieux, 1878.

Le Parti Girondin dans le département de la Haute-Vienne (extrait de la *Revue Historique*). — Paris, 1878.

Les Pénitents (extrait de l'*Almanach limousin*). — Limoges, V° Ducourtieux, 1879.

Les Confréries de Pénitents en France et notamment dans le diocèse de Limoges. — Limoges, V° Ducourtieux, 1879.

Coutumes singulières de quelques confréries et de quelques églises du diocèse de Limoges. — Limoges, Chapoulaud frères, 1879.

Anciens registres des paroisses de Limoges. — Limoges, Chapoulaud frères, 1881.

France ! chants, poèmes et paysages (avec MM. G. David, A. Hervo, P. Mieusset et A. Tailhand). — Paris, P. Ollendorff, 1881.

Les Hôtels-de-Ville de Limoges (extrait de l'*Almanach limousin*). — Limoges, V° Ducourtieux, 1882.

Le Livre de raison d'Étienne Benoist (1426). — Limoges, V° Ducourtieux, 1882.

L'Orfévrerie limousine au milieu du XVII° *siècle* (extrait du journal l'*Art*). — Paris, 1882.

Les Dettes de la ville de Limoges et le Conseil municipal. — Limoges, A. Ussel et G. Tarnaud, 1882.

L'Eau de ma Cave, deuxième lettre à la municipalité et au Conseil municipal. — Limoges, A. Ussel et G. Tarnaud, 1882.

Le Tombeau de Guillaume de Chanac, à Saint-Martial de Limoges. — Tulle, Crauffon, 1883.

La Famille limousine d'autrefois, d'après les testaments et la Coutume. — Limoges, librairies V° Ducourtieux et Leblanc, 1883.

Quelques notes extraites du Cartulaire d'Aureil. — Tulle, Crauffon, 1883.

Les Corporations de métiers en Limousin et spécialement à Limoges (extrait de la *Réforme sociale*). — Paris, 1883.

Le Prédicateur Menauld (extrait de l'*Almanach limousin*). — Limoges, V° Ducourtieux, 1884.

Les Confréries de dévotion et de charité et les œuvres laïques de bienfaisance à Limoges, avant le XV° *siècle* (extrait du *Cabinet Historique*). — Paris, Champion, 1883.

Commentaires d'Étienne Guibert sur la Coutume de Limoges (1618) avec une note sur les différents textes de cette Coutume. — Limoges, Société générale de papeterie, 1884.

Le Bénédictin Dom Col en Limousin. — Limoges, V° Ducourtieux, 1884.

La Ligue à Limoges (1589). — Limoges, V° Ducourtieux, 1884.

Journal du Consul Lafosse (1649). — Limoges, V° Ducourtieux, 1884.

Registres Consulaires de la ville de Limoges, second registre 1592-1602, publié sous les auspices de la Société archéologique et historique du Limousin ; publication commencée par M. Émile Ruben, secrétaire général de cette Société et continuée par M. L. Guibert, vice-président. — Société générale de papeterie, 1884.

L'Orfévrerie et les Orfévres de Limoges. — Limoges, V° Ducourtieux, 1884.

9 782019 950255